AF370235

GUIDE MANUEL ILLUSTRÉ

DE LA

CUISINIÈRE

DE

PARIS ET DE LA PROVINCE

PAR

MADEMOISELLE VIRGINIE ETIENNE

PROSPECTUS

Fruit de plus de trente années de pratique et de plus de quinze
années de recherches, l'ouvrage que nous annonçons ici se recom-

mandera par un grand nombre de recettes qui ne figurent dans aucun des ouvrages du même genre qui se vendent présentement en librairie.

Afin de ne pas provoquer une concurrence anticipée, nous ne divulguerons pas à l'avance les parties trop négligées dans d'autres ouvrages et auxquelles on a cru devoir donner du développement dans celui-ci. Nous nous contenterons seulement de dire que l'auteur s'est attaché à faire un livre pratique, tant par le choix des recettes que par une rédaction simple, claire et précise en même temps que concise, et de manière à le rendre compréhensible même pour les personnes les plus étrangères à la cuisine et à en faire par excellence le Guide de la maison.

Conditions de la Souscription :

L'ouvrage formera un beau volume, format Charpentier, de 650 pages et sera divisé en 35 livraisons environ, à raison de 10 centimes chacune.

Chaque livraison sera composée de 16 pages d'impression. Il en paraîtra une par semaine.

Les personnes qui en enverront le montant (3 fr. 50) en un mandat de poste ou en timbres-poste de 20 centimes, recevront les livraisons *franco*, à domicile, une fois par mois.

On souscrit à Paris :

Chez PASSARD, ÉDITEUR, 7, RUE DES GRANDS-AUGUSTINS, et chez les principaux Libraires de la France et de l'étranger.

Paris. — Typ. A. PARENT rue Monsieur-le-Prince, 31.

LA CUISINIÈRE PARISIENNE ET PROVINCIALE

GUIDE MANUEL ILLUSTRE

DE LA

CUISINIÈRE DE PARIS

ET DE LA PROVINCE

SUIVI DE LA CUISINIÈRE DES RESTES.

Pot au feu ou Potage à la française.

Mettez de l'eau dans une marmite de terre de préférence ou de cuivre bien étamée dans la proportion d'un litre par livre de viande, plus ou moins selon la force que vous voulez donner à votre bouillon, ficelez votre viande pour quelle ne se déforme pas, placez-la dans votre marmite, de manière à ce qu'elle baigne, faites chauffer sur un feu vif sans cependant être trop ardent, salez, enlevez l'écume à mesure qu'elle montera et jusqu'à ce qu'il n'y en ait plus. Ajoutez carottes, navets, panais, une branche de céleri et des poireaux, le tout coupé, ces deux derniers liés avec un fil. Laissez bouillir très-doucement pendant six heures environ; colorez avec du caramel, un ognon brûlé, une boule Rozières ou des navets ou cosses de pois roux à la chartraine, de préférence; dégraissez et trempez sur du pain coupé en tranches ou sur de la flûte à potage, de préférence, en passant votre bouillon à la passoire ou au tamis, et servez.

Servez les légumes sur une assiette à part.

INSTRUCTION POUR LA CONDUITE DU POT-AU-FEU.

Comme avec de très-bonne viande on peut faire de très-mauvais bouillon, si la conduite du pot-au-feu n'est pas faite avec intelligence et surveillée avec soin, nous croyons devoir donner aux acquéreurs de cet ouvrage les instructions qui vont suivre sur cette très-importante opération de la cuisine française.

La viande de quatre ou cinq ans, la plus saine et la plus fraîche tuée, étant celle qui a le plus de jus, est aussi celle qui donne le meilleur bouillon, celle qui est plus jeune en ayant peu, et celle qui est plus vieille n'en ayant presque plus.

Si la viande n'est pas fraîche, elle donne un bouillon trouble.

Il faut donner la préférence à la culotte, à la tranche, au gîte, à la noix, au bas de l'aloyau ou au milieu du trumeau. La culotte est la pièce la plus présentable sur une table bien servie.

Placez, ainsi que nous l'avons dit ci-dessus votre marmite sur un feu vif, sans être trop ardent, car s'il était sans force l'écume ne monterait pas, et s'il en avait trop il en serait de même, parce qu'une chaleur trop vive saisirait la viande, qui se raccornirait et empêcherait l'écume et le sang coagulé dedans de s'échapper.

Si vous trempez sur de la flûte à potage, il faut en mettre très-peu, parce qu'elle gonfle beaucoup, la tailler par gros morceaux et ne tremper qu'au moment de servir.

Variante A. — Si vous voulez bonifier votre potage, vous pouvez y ajouter un morceau de foie ou de rate ainsi que des abatis ou carcasses de volaille ou de gibier ou des débris de rôtis ou autres viandes, quelques os de gigot, rôti de préférence. En y ajoutant une poule que vous pourrez servir avec du riz, il sera meilleur encore.

Variante B. — Dans la saison des pois vous pouvez en mettre dans une boule en toile métallique ou dans un linge, mettez-les une heure seulement avant de servir.

Pour bien écumer, la viande doit être mise à l'eau froide.

Si vous avez négligé d'écumer à temps ou fait un trop grand feu, rafraîchissez avec de l'eau froide, et l'écume remontera. Si vos légumes n'étaient pas encore dans votre marmite, vous pourriez les y mettre, ils tiendraient lieu d'eau froide.

Il faut, autant que possible, éviter l'évaporation; toute eau qui s'échappe est une perte pour le pot-au-feu.

En mettant de l'eau froide dans une assiette plate que vous placerez sur votre pot-au-feu et changerez de temps à autre, une grande partie de la vapeur retombera dans le pot, et la déperdition sera beaucoup moindre. Il faut toutefois éviter une fermeture hermétique, parce que le bouillon pourrait sentir le renfermé, et si, en outre, il s'échappait de la fumée du fourneau, elle lui donnerait également un mauvais goût. Si vous êtes obligé de remplir, n'employez que de l'eau chaude, la froide a l'inconvénient de durcir la viande.

Pour que votre pot-au-feu marche doucement, placez-le sur des charbons de Paris, il se gouvernera tout seul pendant plusieurs heures sans que vous ayez besoin de vous en occuper.

Si vous mettez du veau ou du mouton dedans, faites-le griller auparavant, mais très-légèrement, dans la crainte qu'il ne donne au bouillon un goût de brûlé.

Variante C. — *A la provençale*. Ajoutez de l'ail à vos légumes.

Nous venons de dire qu'on servait les légumes sur une assiette à part, mais on peut aussi avant de tremper les retirer du pot au feu, les couper en julienne ou les écraser en purée, les remettre chauffer et les mêler avec le potage (voyez *potage au pain et aux légumes*; mais servis ainsi ou entiers avec la soupe ils ont l'inconvénient de dominer le goût du bouillon et d'en altérer la saveur et la délicatesse, le mieux est de les maintenir chauds et de les servir avec le bœuf.

De la coloration du bouillon.

A Paris, on se sert le plus ordinairement d'ognon

Si vous y mettez des os, cassez-les très-menu et renfermez-les dans un linge, ils donneront plus de jus; si vous les pilez, ils en donneront davantage encore, mais il faudra avoir soin en faisant cette opération de mettre de temps à autre une goutte d'eau dans le mortier, dans la crainte qu'ils ne s'échauffent.

Si vous faites usage de côte de bœuf, désossez, roulez et ficelez-la avant de la placer dans votre marmite. Ajoutez-y les os, en les brisant ou pilant et les enfermant dans un linge, comme ci-dessus.

Ne mettez pas trop de légumes, ils altéreraient la qualité du bouillon en l'affaiblissant. Il serait même préférable, si ce n'était l'usage, de n'en pas mettre du tout.

Avant de les mettre, ajoutez un léger morceau de sucre, si vous voulez, pour en ôter l'âcreté.

Pour se rendre compte de la qualité que les légumes peuvent faire perdre au bouillon, il suffit de comparer un morceau de veau cuit dans son jus avec un autre cuit avec des légumes, carottes ou autres, on se rend facilement compte ainsi combien ce dernier a perdu comparativement au premier.

Si vous mettez de l'oignon dans votre pot-au-feu, renfermez-le dans un linge pour en éviter la décomposition.

Lorsque votre bœuf sera cuit, si vous n'étiez pas prêt à ser-

brûlé pour colorer le bouillon ; mais l'ognon a l'in
convénient de se délayer, tandis que les cosses de
pois et surtout les navets roux à la chartraine donnent
une très-belle couleur sans avoir le même inconvénient.

Navets roux à la chartraine, pour colorer le bouillon de pot-au-feu.

Coupez de beaux navets en rouelles de l'épaisseur
d'un centimètre et demi environ, mettez-les sécher au
soleil, veillez à ce qu'ils n'adhèrent pas entre eux,
dans la crainte qu'ils ne se gâtent. S'il n'y avait pas de
soleil, étendez-les dans un lieu aéré, laissez-les ainsi
jusqu'à ce qu'ils soient à moitié desséchés ; mettez-les

---

vir votre dîner, mettez votre pot-au-feu frémir seulement sur
un coin du fourneau ou laissez très-peu de feu dessous, dans
la crainte que le bouilli ne s'en aille en décomposition.

Votre bouillon terminé, après que vous en aurez enlevé la
graisse, qui vous servira à divers usages que nous vous indi-
querons, sera, si vous l'avez coloré avec des cosses de pois ou
des navets roux, d'un beau blond doré tirant sur le brun.

Pour le conserver, mettez-le dans un lieu frais. Dans les
chaleurs de l'été, il faudra le faire bouillir une fois par jour et
deux fois s'il y a eu du chou dedans, parce qu'il aigrirait plus
vite. Il faut aussi le découvrir pour le laisser refroidir. Comme
malgré cette précaution il aigrit, si la graisse se fige dessus
avant que l'intérieur soit entièrement refroidi, il faut, pour
éviter cet inconvénient, verser le bouillon dans autant de pots
élevés, étroits et frais que l'on compte en faire de potages,
et le placer dans un lieu frais ; de cette manière, il n'y a pas
nécessité de le faire bouillir tous les jours ; mais il faut laisser
chaque pot intact jusqu'au moment d'en faire usage. Ce dernier procédé ne réussit pas toujours ; cela dépend quelquefois
des localités et de la manière dont l'opération est conduite ;
mais la cuisinière verra ce que l'expérience lui indiquera et le
moyen qui lui réussit le mieux.

ensuite roussir à plusieurs reprises sur des clayes ou des plaques de tôle que vous placerez dans un four, à une chaleur très-douce et après que le pain en aura été retiré, dans la crainte qu'ils ne brûlent. Recommencez l'opération jusqu'à ce qu'ils aient acquis une belle couleur rousse un peu foncée, et mettez-en un, deux ou trois, suivant leur grosseur, dans votre pot-au-feu, pour en colorer le bouillon; mettez-les en même temps que les légumes.

Variante A. — Au lieu d'étendre vos navets pour les faire sécher, si vous n'aviez pas de place, vous pourriez les enfiler avec une ficelle comme un chapelet et les suspendre, mais en veillant à ce qu'ils ne se touchent et en changeant le chapelet de bout de temps en temps pour obvier à l'inconvénient qu'ils auraient

---

Clarification du bouillon.

Si votre bouillon est trouble, passez-le dans un linge ou dans une chausse, ou bien laissez-le refroidir, mettez un morceau de foie de bœuf dedans, remettez-le sur le feu, il éclaircira en écumant de nouveau.

Pot-au-feu toscan.

On nous communique la note suivante sur le pot-au-feu toscan, pour lequel on fait usage de viande de génisse au lieu de bœuf :

« Les bouchers toscans n'achètent les génisses que dans leur quatrième année; jusqu'à cet âge, elles croissent, mais n'engraissent pas, et lorsqu'elles l'ont passé leur viande durcit et se détériore. Non seulement la vache, mais le bœuf lui-même est regardé comme inférieur à la génisse. Les Toscans, qui ont étudié l'économie plus qu'aucun autre peuple du monde, reprochent à la chair de bœuf de se retirer et de diminuer dans le pot, tandis que celle de génisse paraît y croître; en effet, leurs bouillis de 24 et 36 onces semblent égaux à ceux qui en France pèsent 4 à 5 livres.

à se rapprocher ainsi suspendus ; mettez-les ensuite au four et procédez comme ci-dessus pour les faire roussir.

Pour les conserver, mettez-les dans une boîte ou dans un sac de papier et placez au sec.

Cosses de pois roussies à la chartraine, pour colorer le bouillon de pot-au-feu.

Au lieu de navets, employez des cosses de pois et procédez comme ci-dessus, mais il faut encore que le four soit plus doux, car elles brûlent facilement.

Caramel.

Mettez du sucre blanc en poudre dans un vase de cuivre non étamé ou dans un vase de fer qui ne craigne pas d'être détamé ; faites chauffer sur un feu vif ; remuez avec une cuillère de bois jusqu'à ce que votre sucre ait acquis une belle couleur brune tirant sur le noir ; retirez du feu et ajoutez de l'eau en égale proportion ; continuez de remuer jusqu'à ce que le mélange soit complet.

Consommé.

Mettez dans une marmite toutes sortes de débris de viandes : bœuf, veau, mouton, ce dernier en petite quantité, parures de côtelettes, abattis de volailles, une poule, ce qui est indispensable, os brisés, jarret de veau, environ deux livres de bœuf maigre, os de rôti ; ajoutez de l'eau en suffisante quantité pour que votre viande baigne, écumez et salez ; mettez ensuite des légumes (carottes, navets, panais, un ognon, céleri), faites cuire à petit feu, pendant environ sept heures.

Lorsque vous voudrez clarifier votre consommé, passez-le et remettez-le ensuite chauffer dans une casserole; lorsqu'il bouillira, jetez dedans trois ou quatre blancs d'œufs battus en neige, battez le tout ensemble, laissez reposer un moment; passez dans une serviette mouillée et servez-vous-en pour les malades, les sauces et les ragoûts.

Si vous remplissez avec du bouillon au lieu d'eau, il ne faut pas saler. Colorez comme pour un pot-au-feu.

Croutes au pot.

Taillez des croûtes de pain, à peu près d'égale grandeur et épaisseur, ou bien faites griller des tranches de mie de pain; mettez-les dans une casserole avec un peu de bouillon; laissez gratiner, et lorsque le premier bouillon sera tari, ajoutez-en de nouveau en quantité suffisante; détachez vos croûtons et servez.

Bouillon tôt fait, bientôt fait, à la hâte, minute, improviste, impromptu, urgence, en diligence ou en une heure.

Hachez une demi-livre de viande maigre de bœuf et, si vous en avez, des déchets ou parures de veau, ou abatis concassés de volaille ou de gibier, et des os également concassés d'autres rôtis; mettez le tout dans une casserole avec environ un litre ou un litre et demi d'eau, ajoutez carottes, navets, poireaux et céleri, le tout coupé en dés; salez, faites bouillir vivement pendant une heure, passez à la passoire, trempez et servez.

Vous pouvez de votre hachis faire des boulettes ou croquettes, comme pour le hachis de bouilli (voyez croquettes et boulettes de bouilli).

Méthode plus prompte encore.

Si vous avez de la glace de viande, mettez-en un morceau dans de l'eau bouillante, goûtez, et si votre bouillon n'avait pas assez de force, remettez un morceau de glace, trempez et servez.

Bouillon sec portatif en tablettes ou en pastilles, ou extrait de bœuf,

pouvant se conserver pendant plusieurs années.

Prenez deux pieds de veau, six livres de bœuf, une livre et demie de rouelle de veau et cinq livres de mouton : mettez le tout dans un pot de terre bien lavé et bien essuyé, faites cuire à petit feu dans une suffisante quantité d'eau, écumez soigneusement, passez le bouillon en pressant, faites bouillir votre viande une seconde fois dans de nouvelle eau, passez également, laissez refroidir vos deux bouillons pour en enlever la graisse, réunissez-les, passez-les dans un blanchet, faites évaporer dans un bain marie jusqu'à consistance de pâte, retirez du vaisseau et étendez un peu mince sur une pierre unie, coupez en petites tablettes, achevez de faire sécher au bain marie ou dans une étuve, jusqu'à ce que vos tablettes soient cassantes : renfermez-les ensuite dans une bouteille de verre, bouchez-la avec un liége, cachetez-la avec de la cire et mettez-la au sec.

Variante A. — Si vous voulez que votre bouillon soit plus délicat, ajoutez dans votre pot une ou deux poules ou une ou deux perdrix.

EMPLOI.

Faites dissoudre une demi-once ou quinze grammes de ces tablettes dans de l'eau, ajoutez un peu de sel,

mettez chauffer sur des cendres chaudes et faites
usage.

Bouillon maigre.

Mettez avec de l'eau dans une marmite, carottes,
navets, panais, céleri, poireau, bouquet garni, 1 laitue,
1 demi-litre de pois verts ou secs, salez; ajoutez un
morceau de beurre, laissez cuire pendant une heure
et demie; passez au tamis ou à la passoire et faites
usage pour mouiller les diverses préparations où le
bouillon maigre sera indiqué ou des juliennes, fon-
bonnes, etc.; vous pouvez encore en tremper des potages au riz, au vermicelle et autres du même genre.

Variante A. — Si vous voulez que votre bouillon
soit coloré, passez vos carottes et vos navets au beurre,
mouillez lorsqu'ils seront un peu frits, ajoutez ensuite
vos autres légumes et terminez comme ci-dessus.

Juliennes ou Légumières,

**Ollas-podridas, Oilles, Ouilles ou Pots pourris de
légumes, ou Potage au pain et légumes, Herbagère,
Printanière et Potage printanier, Jardinière, Fon-
bonne, Brunoise, Racinière ou Chartreuse, etc., etc.**

TABLEAU

*des racines, herbes, légumes, etc., qui entrent
dans la composition des juliennes :*

Ces racines, herbes, légumes, etc., sont de quatre
sortes, qui se traitent chacune d'une manière diffé-
rente, savoir :

1° Les carottes, navets, radis, choux, poireaux,
ognons, et le céleri, que l'on coupe en filets que l'on
passe au beurre ou autrement (à l'huile si c'est à la
provençale, etc.), lorsque la julienne doit être passée;

2° L'oseille, la laitue, la poirée, le pourpier et la

belledame ou bonnedame, que l'on hache grossière-
ment, et passe au beurre comme les racines ci-contre.

3° Les marrons grillés à demi cuisson, les haricots
verts et écossés, les pois, lentilles, choux-fleurs,
choux de Bruxelles, asperges, culs d'artichauts,
pommes de terre, et le cerfeuil, que l'on met à la
fin, sans être passés : les choux de Bruxelles entiers,
les choux-fleurs et les culs d'artichauts en morceaux,
les pointes d'asperges en petits pois, les pommes de
terre en rouelles et les marrons coupés de la grosseur
d'un haricot.

4° Les concombres, qui se mettent aussi à la fin,
mais qui doivent être coupés en morceaux et blanchis
auparavant.

TABLEAU
*des substances alimentaires avec lesquelles les juliennes
peuvent être servies.*

Les juliennes se servent ordinairement seules,
mais elles peuvent être accompagnées d'autres substances alimentaires. On peut les servir sur du pain
rassis coupé en tranches minces, sur de la flûte à
potage, sur du pain grillé ou sur des croûtons frits
dans du beurre frais.

On peut aussi leur adjoindre les diverses espèces
de pâtes à potage, comme pâtes d'Italie, vermicelle,
lazagnes, macaroni ou autres substances, comme
tapioca, semoule, salep, sagou, arrowroot, ou enfin
toute espèce de purée, comme celles de marrons, pois,
lentilles, haricots, pommes de terre, tomates, etc.

Le macaroni doit être mis cuire dans les juliennes
une heure avant de servir : les lazagnes trois quarts
d'heure, la semoule une demi-heure, les pâtes d'Italie
un quart d'heure, le vermicelle douze minutes, l'arrowroot dix minutes, le tapioca et le salep cinq à six

minutes (il faut mettre peu de ce dernier, parce qu'il se développe considérablement), les purées un instant seulement avant de servir. Le sagou demande une heure de cuisson environ.

Potage au pain et aux légumes.

Coupez des croûtes de pain tendre, mettez-les dans votre soupière ; retirez vos légumes de votre pot-au-feu, laissez-les refroidir un instant, coupez-les ensuite en filets de la longueur d'un bouchon, remettez-les chauffer dans un peu de bouillon, et, au moment de servir, versez votre bouillon sur votre pain ; recouvrez le tout de vos légumes, et servez chaudement.

Herbagère ou Julienne printanière en maigre,

Petite Julienne, Julienne simple, Julienne primitive, Julienne ou Potage aux herbes.

Epluchez, lavez et coupez en filets de la laitue et de l'oseille, ajoutez du cerfeuil ; faites cuire dans de l'eau avec du sel et un morceau de beurre, et trempez, comme la julienne ordinaire, sur du pain coupé en tranches minces, du pain rôti, des croûtons frits dans du beurre frais ou de la flûte à potage de préférence, et servez.

Vous pouvez ajouter une liaison de un ou deux jaunes d'œufs ou de sauce ou purée de tomate ou autre purée.

A mesure que la saison vient offrir de nouvelles productions, comme asperges, petits pois, concombres, etc., dont nous avons donné la liste d'autre part vous pouvez les joindre à votre printanière, qui devient alors une julienne ordinaire.

Variante A. — Vous pouvez remplacer avantageusement l'eau par du bouillon maigre de haricots, pois, lentilles, etc.

Variante B. — Vous pouvez, si vous voulez, passer vos herbes et y ajouter en même temps un ognon coupé en tranches.

Herbagère en gras.

Elle se prépare et se sert comme celle en maigre, à l'exception qu'on remplace l'eau ou le bouillon maigre par du bouillon gras, et qu'on ne met pas de liaison.

Variante A. — Vous pouvez, si vous voulez, lorsque vos herbes sont lavées et coupées, les passer au beurre, mouiller ensuite comme ci-dessus avec du bouillon gras, tremper et servir de même.

Soupe aux herbes avec ou sans beurre.

Epluchez, lavez et mettez dans une casserole, sur un fourneau, une grande quantité d'oseille, cerfeuil et pissenlits, quelques ognons, deux ou trois navets, une laitue, un poireau, une racine de céleri et deux ou trois carottes râpées à cru ; emplissez la casserole d'eau, faites bouillir le tout pendant très-longtemps, deux heures au moins, jusqu'à ce que votre bouillon devienne un peu épais; ayez soin de remuer de temps à autre avec une cuillère de bois : salez et versez sur des tranches de pain rassis, et servez.

Vous pouvez mettre un peu de beurre en même temps que vos légumes, et en servant une liaison de jaunes d'œufs, mais vous pouvez vous dispenser de l'un et de l'autre.

Printanière, purée printanière.

Julienne purée, Purée de julienne, ou Purée à la Chartreuse, à la Macédoine ou composée.

Epluchez et lavez oseille, cerfeuil, haricots frais écossés, pois verts, pommes de terre, lentilles, tomates; mettez de l'eau, du beurre et du sel dans une casserole, ajoutez vos légumes, faites bouillir jusqu'à ce qu'ils soient bien tendres et s'écrasent sous le doigt; passez à la passoire, remettez chauffer et servez sur pain coupé en tranches, flûte à potage de préférence, pain rôti ou croûtons frits dans du beurre.

Si votre purée était trop claire, vous pourriez y ajouter une liaison de jaunes d'œufs ou de sauce tomate.

Variante A. — Vous pouvez, suivant la saison, ajouter à votre potage des pointes d'asperges, du melon et de la citrouille ou potiron.

Variante B. — A la place de pain, vous pouvez faire crever du riz dans de l'eau, du sel et du beurre, et le mettre ensuite bouillir pendant un quart d'heure dans votre purée, et servir.

Potage printanier,

Potage de luxe, riche, distingué, délicat et recherché, pour les repas de cérémonie.

Epluchez et coupez en morceaux à peu près d'égale grosseur, ou taillez en amandes ou en olives, carottes, navets et radis. Coupez en filets céleri et poireaux, pelez de très-petits ognons blancs entiers, ajoutez haricots verts et écossés, petits pois, pointes d'asperges, choux-fleurs en morceaux, choux de Bruxelles entiers, concombres taillés en amandes ou en olives, faites blanchir le tout, les concombres, pointes d'asperges, choux de Bruxelles, choux-fleurs à part, afin de ne pas broyer ces derniers ; faites cuire dans du bouillon ou du consommé ; sucrez et servez.

Vous pouvez ajouter à ce potage une purée quelconque, comme marrons, pois, haricots ou lentilles, ou tremper sur du pain en tranches, de la flûte à potage ou des croûtons frits dans du beurre, etc.

Les concombres, asperges, choux de Bruxelles et choux-fleurs ne doivent être mis cuire dans le bouillon ou consommé que peu de temps avant de servir.

Si votre potage était trop clair, vous pourriez le lier avec une sauce tomate.

En laissant cuire longtemps ce potage, on peut le laisser tomber à glace, il n'en sera que plus délicat et plus distingué.

Julienne ordinaire, simple, de ménage ou économique, ou Julienne blanche.

Epluchez et lavez carottes, navets, poireaux, pommes de terre, oseille, un peu de chou, pois et haricots ; coupez les carottes, navets et poireaux en filets, les pommes de terre en morceaux ou en rouelles, passez l'oseille au beurre ; mouillez ensuite avec de l'eau ou moitié eau et moitié bouillon ; ajoutez vos autres légumes, à votre oseille, salez, laissez cuire jusqu'à parfaite cuisson, une heure et demie environ, et servez.

Les pommes de terre ne doivent être mises qu'une demi-heure avant de servir.

Julienne ordinaire passée au beurre ou Julienne colorée.

Epluchez, lavez et taillez vos légumes comme ci-dessus, passez au beurre les navets, carottes et poireaux et choux, l'oseille un instant seulement avant de mouiller, ajoutez ensuite vos autres légumes à cette dernière ; mouillez avec de l'eau ou moitié eau et moitié bouillon, et de manière à ce que le tout baigne ; salez, laissez cuire jusqu'à parfaite cuisson, une heure et demie environ, et servez.

Légumière ou Julienne générale en maigre,

ou Macédoine, Olla-podrida (marmite pourrie), Oille, Ouille ou Pot-pourri de légumes.

Epluchez et lavez les sortes que vous voudrez des légumes suivants : carottes, navets, poireaux, petits pois, haricots verts et écossés, choux, choux-fleurs, pommes de terre, asperges, oseille, céleri, etc., coupez par tranches minces ou filets les carottes, navets, choux et poireaux, les pommes de terre en rouelles, les choux-fleurs en morceaux et les asperges en petits pois; faites fondre du beurre dans une casserole, passez votre oseille dedans, mouillez avec de l'eau, ajoutez ensuite vos autres légumes, à l'exception des pommes de terre, que vous mettrez une demi-heure seulement avant de servir; salez de bon goût, laissez cuire pendant une heure ou une heure et demie, jusqu'à ce que vos légumes fléchissent sous la pression du doigt, et servez seul ou avec pain, etc. (V. page 17, *Julienne au pain*.)

Légumière ou Julienne générale en gras.

Epluchez vos légumes comme ci-dessus, mettez un bon morceau de beurre dans une casserole, passez vos légumes dedans ; lorsqu'ils auront pris une belle couleur dorée, mouillez avec du bouillon, de préférence, ou moitié eau et moitié bouillon, et après parfaite cuisson, servez comme ci-dessus.

GUIDE MANUEL ILLUSTRÉ

DE LA

CUISINIÈRE

DE

PARIS ET DE LA PROVINCE

PAR

MADEMOISELLE VIRGINIE ÉTIENNE

PROSPECTUS

Fruit de plus de trente années de pratique et de plus de quinze années de recherches, l'ouvrage que nous annonçons ici se recom-

mandera par un grand nombre de recettes qui ne figurent dans aucun des ouvrages du même genre qui se vendent présentement en librairie.

Afin de ne pas provoquer une concurrence anticipée, nous ne divulguerons pas à l'avance les parties trop négligées dans d'autres ouvrages et auxquelles on a cru devoir donner du développement dans celui-ci. Nous nous contenterons seulement de dire que l'auteur s'est attaché à faire un livre pratique, tant par le choix des recettes que par une rédaction simple, claire et précise en même temps que concise, et de manière à le rendre compréhensible même pour les personnes les plus étrangères à la cuisine et à en faire par excellence le Guide de la maison.

Conditions de la Souscription

L'ouvrage formera un beau volume, format Charpentier, de 650 pages et sera divisé en 35 livraisons environ, à raison de 10 centimes chacune.

Chaque livraison sera composée de 16 pages d'impression. Il en paraîtra une par semaine.

Les personnes qui en enverront le montant (3 fr. 50) en un mandat de poste ou en timbres-poste de 20 centimes, recevront les livraisons *franco*, à domicile, une fois par mois.

On souscrit à Paris :

Chez PASSARD, ÉDITEUR, 7, RUE DES GRANDS-AUGUSTINS, et chez les principaux Libraires de la France et de l'étranger.

Paris. — Typ. A. PARENT rue Monsieur-le-Prince, 31.

Julienne champenoise.

Préparez vos légumes comme pour une julienne ordinaire, passez-les au lard fondu ou dans de bonne graisse au lieu de beurre, terminez et servez comme la julienne générale.

Julienne au riz.

Procédez comme pour la julienne en maigre ou en gras, ajoutez du riz à vos légumes; laissez cuire jusqu'à ce qu'il soit crevé, et servez.

Julienne au pain, à la flûte à potage, ou aux croûtons frits, etc.

Procédez comme ci-dessus et, au lieu de servir avec du riz, trempez sur du pain en tranches ou de la flûte à potage, ou des croûtons frits dans du beurre, selon votre goût.

Julienne à la Boitard ou Julienne aux marrons (1).

Préparez vos légumes comme pour la julienne en maigre; faites cuire à demi-cuisson, dans de la cendre, de préférence, ou dans une poële percée, de beaux marrons de Lyon; pelez et coupez-les en petits morceaux de la grosseur d'un haricot, jetez-les dans votre julienne une demi-heure avant de servir, pour achever de cuire, terminez ensuite comme la julienne en gras ou en maigre et servez de même.

Julienne à la Provençale.

Préparez votre julienne comme en gras ou en maigre et trempez sur des tranches de pain sur les-

---

(1) Cette julienne est réellement de l'invention du savant naturaliste dont elle porta le nom; nous en possédons la recette écrite de sa main.

quelles vous aurez répandu de l'huile ou sur des croûtons frits dans de l'huile.

Vous pouvez aussi mouiller avec du bouillon de poisson ou du bouillon de légumes au lieu d'eau.

Vous pouvez aussi passer vos légumes à l'huile au lieu de beurre.

Julienne languedocienne.

Epluchez céleri, cœurs de laitue, oseille, carottes, navets, etc.; passez le tout au beurre, mettez ensuite cuire et mijoter pendant deux heures dans du bouillon de poisson et trempez sur des tranches de pain rôties au four ou sur le gril.

Vous pouvez mêler à cette julienne telle purée qu'il vous plaira.

Julienne italienne, ou Julienne aux lentilles.

Préparez vos légumes comme pour la julienne en maigre, passez-les à l'huile au lieu de beurre, et mouillez avec du bouillon de lentilles que vous aurez fait cuire à part avec de l'eau et un peu d'huile; réduisez vos lentilles en purée, et lorsque vos légumes seront cuits, ajoutez cette purée à votre potage; faites chauffer et servez seul ou avec pain en tranches, croûtons frits dans l'huile ou flûte à potage.

Jardinière ou Julienne jardinière.

Prenez carottes, navets, radis, pommes de terre, poireaux et côtes de céleri si vous voulez; coupez le tout en dés, faites blanchir dix minutes à l'eau bouillante, mettez ensuite cuire dans du bouillon gras et servez seul ou trempez comme les juliennes. Voyez *juliennes au pain*, etc.

Fonbonne, et non Faubonne, Potage à la fonbonne ou Julienne fonbonne.

Préparez vos légumes comme pour la jardinière, à l'exception qu'au lieu de les blanchir vous les ferez revenir dans du beurre ; faites-les cuire ensuite dans du bouillon gras et terminez de même.

Brunoise,
Potage à la Brunoise ou Bernoise, Julienne ou Jardinière brunoise.

Les anciennes brunoises se composaient de viandes et de légumes en assez grand nombre, mais l'usage a prévalu de ne les composer que de carottes, navets, radis, poireaux et céleri. On prépare, fait revenir et cuire ces légumes comme pour la jardinière, et on sert de même.

Variante A. — *Brunoise au riz*. — Vous pouvez servir votre brunoise avec du riz que vous ferez crever dans la cuisson de vos légumes ; ayez soin que votre potage soit clair et que les dés de vos racines ne soient pas trop gros.

Racinière ou Julienne de racines à la trapiste ou chartreuse.

De même que l'herbagère ne se compose que d'herbes, la racinière ne se compose que de racines, carotes, navets, radis, poireaux et oignons, que l'on coupe en filets, prépare et sert comme une julienne ordinaire.

Variante A. — On peut la passer à la passoire et en faire une purée, alors on n'y met pas d'ognon. (Voyez *printanière* ou *purée de racines à la macédoine*.)

Julienne sèche en gras et en maigre.

La julienne sèche se vend chez les épiciers ; on la fait cuire dans du bouillon pendant environ une heure ou une heure et demie, et on la sert comme une autre julienne ; elle a plus de qualité lorsqu'elle cuit longtemps. En la mettant tremper la veille, une demi-heure ou trois quarts d'heure de cuisson suffisent.

On peut la faire cuire dans de l'eau, du beurre et du sel. On la sert comme une autre julienne.

Puréière ou Julienne de purées,
qu'il ne faut pas confondre avec la Printanière.

Réunissez toutes espèces de purées que vous voudez : pois, lentilles, haricots, marrons, pommes de terre, riz et autres ; mélangez le tout et servez comme une purée ordinaire.

Farinière.
Julienne, bouillie, ou Purée de toutes farines.

Voyez *bouillies*.

Soupe holsteinoise.

Emiettez de beau pain blanc, mettez-le tremper dans du lait en suffisante quantité pour qu'il en soit bien empreint ; mettez du beurre dans une casserole, faites-le fondre sans roussir, mettez frire votre pain dedans, prenez garde qu'il ne s'attache, laissez refroidir un instant, ajoutez le blanc de deux œufs et le jaune de quatre, pétrissez le tout à mesure que vous mettez vos œufs ; prenez ensuite cette pâte cuillerée par cuillerée et versez-la dans du bouillon bouillant, laissez cuire pendant dix minutes environ et servez.

Ces boulettes ont la forme, l'apparence et le goût

des meilleures quenelles et forment en outre un ex-
cellent aliment pour les enfants et les tempéraments
délicats.

Potage aux choux.

Mettez de l'eau et un morceau de lard dans une
marmite, laissez écumer, ajoutez ensuite des légumes:
choux, navets, carottes, poireaux, comme pour un
pot-au-feu ordinaire, et un saucisson, si vous voulez;
laissez cuire pendant environ deux heures et demie,
suivant la vivacité du feu; trempez sur du pain coupé
en tranches et servez.

Le lard et le cervelat se servent à part après le
potage.

Potage aux choux et au porc frais.

Il se prépare de même, si ce n'est qu'on n'y met
pas de cervelat et qu'on sale comme pour le pot au
feu.

Potage aux choux et au lait.

Faites cuire un chou entier ou une moitié dans de
l'eau et du sel; après cuisson, mettez autant de lait
que vous aurez de bouillon de chou, salez; ajoutez
un bon morceau de beurre, trempez sur des tranches
de pain et servez vos choux sur la soupe ou bien à
part assaisonnés avec du beurre et du sel. La cuisson
demande une heure. Il faut mettre le chou lorsque
l'eau est bouillante.

Potage aux choux et au lait lié d'œufs.

Faites comme ci-dessus et retirez votre chou avant
de mettre le lait, et liez de jaunes d'œufs avant de
tremper.

Moyen d'utiliser le chou séparément.

Vous pourrez utiliser votre chou en le farcissant, ou en le mettant avec une perdrix, ou à la sauce ou de toute autre manière.

Potage aux choux et au fromage en maigre.

Epluchez, lavez et faites blanchir des choux, retirez-les à l'eau fraîche, mettez-les cuire ensuite dans de l'eau bouillante avec du beurre et un peu de sel, ajoutez du poivre, si vous l'aimez, ainsi que carottes, ognons, panais et céleri; après parfaite cuisson, passez votre bouillon au tamis ou à la passoire; saupoudrez de fromage de Gruyère râpé, ou moitié gruyère et moitié parmesan de préférence, le fond d'un plat qui aille au feu; coupez du pain en tranches minces, placez-en un lit sur votre lit de fromage; saupoudrez de nouveau de fromage râpé, remettez des tranches de pain, et ainsi de suite jusqu'aux deux tiers de votre soupière; recouvrez de pain en tranches, ajoutez un morceau de beurre, et trempez avec votre bouillon de choux, de manière à en remplir votre soupière; faites ensuite mitonner, en tournant, jusqu'à ce que le bouillon soit tari et de manière à ce que la cuillère se tienne debout et servez tel ou remettez un peu de bouillon si vous le préférez.

Potage aux choux et au fromage en gras.

Procédez comme ci-dessus, en ajoutant un morceau de porc que vous ferez cuire avec vos choux, ne mettez pas de beurre et terminez de même.

Potage aux choux et au fromage à la provençale.

Faites un potage aux choux comme ci-dessus, ajoutez-y une bonne cuillerée d'huile fine pour faire cuire vos choux ; mettez ensuite, comme ci-dessus, un lit de fromage râpé au fond de votre soupière, puis un lit de tranches de pain, et ainsi de suite ; recouvrez de fromage râpé, arrosez le tout d'une bonne cuillerée de fine huile d'olive ; trempez avec votre bouillon, et de manière à ce qu'il surnage le pain ; placez sur un feu doux, laissez mitonner en tournant jusqu'à ce que le fromage soit parfaitement fondu et parfaitement amalgamé avec le pain, de manière à ce que la cuillère puisse tenir debout, et servez chaud.

Potage aux choux-fleurs.

Mettez vos choux-fleurs à l'eau bouillante, salez et faites cuire, faites ensuite bouillir du lait à part, mélangez-le avec autant d'eau de choux-fleurs, ajoutez un bon morceau de beurre, trempez et servez.

Soupe à l'ognon en maigre.

Epluchez et coupez par morceaux un ou deux ognons ; mettez-les dans une casserole, faites-les revenir avec un bon morceau de beurre ; lorsqu'ils auront belle couleur, ajoutez un peu de farine, si voulez, faites reprendre couleur, mouillez avec de l'eau, salez, poivrez et trempez lorsque votre bouillon sera en ébullition.

Vous pouvez, au moment de tremper, ajouter une liaison de un ou deux jaunes d'œufs délayés dans de l'eau ou du lait.

Variante A. — *A l'ognon et au lait*. Au lieu de mettre simplement de l'eau, mettez moitié eau et moitié lait, et terminez de même.

Variante B. — *A l'ognon et au bouillon maigre*. Au lieu d'eau, mettez du bouillon de choux, lentilles,

, pois, asperges ou autres légumes, et finissez de même.

Variante C. — Au lieu de mettre moitié eau et moitié lait, ne mettez que du lait, en ayant soin de tailler votre pain plus mince.

On peut faire ces potages avec des croûtons frits dans du beurre frais, tremper et servir de suite.

Variante D. — Au moment où vous mouillerez, vous pouvez ajouter à ces potages des pommes de terre coupées par tranches.

Variante E. — Au lieu de pain, vous pouvez mettre du riz que vous ferez crever dans votre potage après l'avoir nettoyé comme pour le *riz au gras*.

Soupe à l'oignon au gras.

Elle se prépare comme celle à l'ognon en maigre, si ce n'est qu'on mouille avec du bouillon gras ou moitié bouillon et moitié eau. On peut, si l'on veut, faire revenir un ognon dans de bonne graisse au lieu de beurre, ou dans moitié beurre et moitié graisse.

Soupe à l'ognon et au fromage
à la parisienne, à la champenoise et à la provençale.

Coupez des ognons en tranches, passez-les au beurre, ajoutez de l'eau et du sel, laissez cuire et trempez sur des tranches de pain entremêlées de fromage, comme le potage aux choux et au fromage en gras ou en maigre.

Variante A. — *A la champenoise*, passez vos ognons dans du lard que vous ferez fondre au lieu de beurre, et terminez de même.

Variante B. — *A la provençale*, remplacez le beurre par de l'huile et procédez de même.

Potage au fromage en gras ou en maigre

aux différents légumes, pois, navets, lentilles, haricots, carottes et autres.

Tous se préparent comme ceux aux choux et au fromage.

Soupe au fromage à l'allemande.

Râpez et mettez fondre, pendant huit ou dix minutes, dans de l'eau et très-peu de sel, 70 grammes de Gruyère, passez ensuite à la passoire; ajoutez du lait ou de bonne crème douce, de préférence, et un peu de beurre à votre bouillon de fromage, faites chauffer un instant et trempez sur du pain grillé.

Variante A. — Vous pouvez remplacer le lait ou la crème par une liaison de jaunes d'œufs.

Variante B. — Si vous voulez servir votre soupe en gras, mettez fondre votre fromage dans du bouillon gras au lieu d'eau et supprimez la liaison.

Potage aux carottes.

Coupez des carottes en tranches minces, faites-les blanchir si elles ne sont pas nouvelles; retires-les, égouttez les et mettez les ensuite cuire dans du bouillon, et, après parfaite cuisson, trempez sur du pain coupé en tranches.

Potage aux navets au lait, en maigre.

Épluchez cinq ou six bons navets, mettez-les dans une casserole avec de l'eau et du sel; lorsqu'ils seront cuits, ajoutez autant de lait que vous aurez de bouillon; mettez ensuite un morceau de beurre, trempez et servez.

Variante A. — Vous pouvez, si vous voulez, servir

vos navets à part comme plat de légumes, en les assaisonnant de beurre, de persil hâché et de sel, vous ne les retirerez de votre bouillon que lorsque vous y aurez introduit le lait.

Potage aux navets en gras.

Il se prépare de même, à l'exception qu'on fait cuire les navets dans du bouillon gras au lieu d'eau, et qu'on ne sale pas, le bouillon étant salé.

Variante A. — Vous pouvez faire revenir vos navets dans du beurre, votre potage aura plus belle couleur.

Potage aux navets en gras, à la purée de navets.

Il se prépare de même, à l'exception qu'on passe les navets en purée dans une passoire ou à l'étamine avant de les mettre dans le potage.

Potage au poireau.

Epluchez des poireaux pour six personnes environ, lavez-les bien, fendez-les en long et coupez-les par petits morceaux de deux lignes de longueur environ; épluchez et coupez également par morceaux, selon leur grosseur, quatre ou cinq pommes de terre crues; mettez de l'eau en suffisante quantité pour que vos légumes baignent, salez, ajoutez un bon morceau de beurre, et trempez lorsque vos pommes de terre seront cuites.

Il ne faut pas mettre le beurre en même temps que l'eau, parce qu'il ne se mêlerait pas à cette dernière.

Variante A. — Vous pouvez, si vous voulez, passer vos poireaux au beurre et terminer comme ci-dessus.

Soupe à l'oseille.

Epluchez et lavez votre oseille, mettez-la dans une casserole avec un morceau de beurre, faites cuire un instant, mouillez avec de l'eau, salez, retirez du feu, mettez une liaison de un ou deux jaunes d'œufs, trempez et servez.

Variante A. — Plus délicate, ajoutez à votre potage du cerfeuil et une laitue hachée ou coupée en morceaux, mouillez avec du bouillon de haricots, pois cassés ou autres légumes au lieu d'eau ; liez de même avec des jaunes d'œufs, trempez et servez.

Variante B. — Lorsque votre oseille sera passée au beurre et que vous aurez mis l'eau nécessaire pour votre potage, coupez par tranches quelques pommes de terre jaunes, ajoutez-les ; laissez cuire, trempez et servez sans liaison.

Variante C. — *Au vermicelle*. Préparez une soupe à l'oseille comme ci-dessus, et lorsque votre bouillon sera en ébullition versez du vermicelle dedans ; laissez cuire pendant dix ou quinze minutes et servez comme ci-dessus avec une liaison de un ou deux jaunes d'œufs.

Potage à la chicorée.

Epluchez et lavez deux ou trois chicorées frisées ou scaroles, coupez-les en filets, passez-les avec un bon morceau de beurre, sans laisser prendre couleur ; mouillez avec de l'eau, salez et poivrez ; faites bouillir pendant une heure environ, ajoutez une liaison de deux ou trois jaunes d'œufs, versez sur votre pain et servez.

Potage aux laitues.

Faites blanchir des laitues, rafraîchissez-les à l'eau fraîche, ficelez-les deux par deux, faites-les cuire dans du bouillon, trempez votre potage, veillez à ce qu'il ne soit pas trop salé et servez. Egouttez vos laitues, farcissez et servez-les comme un chou farci.

Potage aux asperges.

Épluchez, coupez et passez au beurre un ou plusieurs ognons comme pour une soupe à l'ognon, et, au lieu de mouiller avec de l'eau pure, mouillez avec de l'eau dans laquelle vous aurez fait cuire des asperges, ou avec moitié eau d'asperges et moitié eau pure.

Potage aux cerises.

Faites cuire dans de l'eau de bonnes cerises bien charnues et bien mûres, ajoutez une pincée de vanille et du sucre ; trempez sur des croûtons frits dans du beurre frais et servez chaud.

Potage au potiron ou à la citrouille, au lait.

Enlevez la peau de votre citrouille, épluchez-la de ses pepins, coupez-la par morceaux, ajoutez un peu de sel, très-peu d'eau, et faites cuire à feu vif ; lorsque votre potiron sera cuit, retirez de l'eau, s'il y en a de trop, écrasez-le ensuite ; passez-le à la passoire, si vous voulez ; mettez un morceau de beurre et quelques tranches de pain dans votre casserole, ajoutez du lait que vous aurez fait bouillir à part, la quantité que vous jugerez convenable, sucrez et servez.

Variante A. — On trempe dans une soupière, si l'on veut, au lieu de mettre le pain dans la casserole.

Variante B. — On peut, si l'on veut, joindre à ce potage de la semoule en petite quantité.

Potage au melon.

Epluchez votre melon, coupez-le par petits morceaux et faites-le cuire dans un peu d'eau comme le potiron ; écrasez-le, ajoutez-y du beurre, un morceau de sucre et un peu de sel ; mouillez avec de bon lait, et, lorsqu'il bouillira, trempez sur des tranches de pain un peu minces.

Nota. — On peut au besoin passer à la passoire avant de tremper.

Potage aux concombres.

Fendez en quatre et pelez un ou deux concombres, ôtez-en les pepins, placez vos morceaux sur un plat, jetez du sel fin dessus pour en retirer l'âcreté, égouttez-les et faites-les revenir dans la casserole avec un bon morceau de beurre, sans les laisser colorer ; ajoutez un peu d'oseille et une pincée de cerfeuil ; salez et mouillez avec de bon bouillon gras ou maigre auquel, si vous le faites en maigre, vous ajouterez une liaison de jaunes d'œufs au moment de servir ; vous pouvez passer à la passoire avant de tremper.

Au lieu de mettre du sel sur vos concombres pour en retirer l'acreté, vous pouvez les blanchir.

Variante A. — Ce potage se fait aussi avec du lait, auquel on ajoute du sucre au moment de servir, au lieu de liaison.

Soupe aux pois verts et à l'oseille.

Faites revenir votre oseille dans du beurre, mouillez avec de l'eau et mettez aussitôt dans la casserole vos pois fraîchement écossés ; salez et trempez dès qu'ils seront cuits.

Vous pouvez ajouter du lait au moment de tremper.

Soupe aux pois verts au lait.

Mettez de gros pois cuire dans un peu d'eau et avec

un morceau de beurre ; lorsqu'ils seront cuits, ajoutez votre lait, salez et trempez.

Soupe aux haricots et à l'oseille.

Mettez à l'eau bouillante environ un litre de haricots fraîchement écossés ; passez ensuite de l'oseille dans une casserole à part, mouillez avec le bouillon de vos haricots ; salez et trempez lorsqu'il sera en ébullition ; ajoutez une liaison de un ou deux jaunes d'œufs, si vous voulez. Vous servirez ensuite vos haricots comme plat de légumes, avec sel, beurre et persil.

AUTRE MÉTHODE.

Faites cuire vos haricots comme ci-dessus, faites ensuite bouillir autant de lait que vous aurez de bouillon de haricots, ajoutez ce dernier au premier, mettez sel et beurre, et trempez.

La soupe aux haricots secs se prépare de même.

Soupe aux haricots en maigre.

Épluchez et lavez vos haricots, mettez-les cuire à l'eau froide, passez-les à la passoire ; mouillez avec le bouillon de leur cuisson ou avec moitié bouillon et moitié lait ; ajoutez sel et beurre, et trempez sur des tranches de pain taillées très-minces ou sur des croûtons frits dans du beurre frais.

Soupe aux haricots en gras.

Faites cuire vos haricots dans du bouillon au lieu d'eau, trempez et assaisonnez de même que ci-dessus ; il ne faut pas de beurre.

Soupes aux lentilles.

Les soupes aux lentilles se préparent comme celles aux haricots.

Potage à la purée de marrons.

Faites cuire dans du bouillon environ un demi-litre de marrons secs, ou grillés à demi-cuisson ; passez-les ensuite dans une passoire, ajoutez du bouillon, du sel et un morceau de beurre, et trempez sur des tranches de pain taillées très-minces ou des croûtons frits dans du beurre frais.

Lorsqu'on se sert de marrons secs, il faut les laver avant d'en faire usage.

Potage au riz au lait.

Lavez à plusieurs eaux froides ou tièdes en le frottant avec les mains, et jusqu'à ce que les eaux restent claires, environ 125 grammes (un quart) de riz, mettez-le ensuite dans une casserole avec un peu d'eau, faites faire quelques bouillons, mouillez avec un peu de lait, ajoutez-en à mesure de la cuisson, en ayant soin de remuer de temps en temps et jusqu'à parfaite cuisson, afin que le riz ne s'attache pas ; mettez un peu de sel, sucrez et servez ni trop clair ni trop épais.

On reconnaît que le riz est cuit lorsqu'il est crevé, la cuisson dure environ deux heures, il ne doit pas s'en aller en bouillie.

Potage au riz en gras.

Il se prépare de même que celui au lait, à l'exception qu'on mouille avec du bouillon ou du consommé au lieu de lait, et qu'il ne faut pas mettre de

sucre; le bouillon doit être peu salé, à cause de la
réduction.

Potage au riz en gras aux différentes purées.

Il se prépare de même que celui en gras, à l'exception qu'au moment de servir on y ajoute une purée quelconque, comme pois, lentilles, haricots, tomates, marrons, etc. (voir la liste des purées).

Potage au riz en maigre à la purée de haricots, de pois ou de lentilles.

Lavez vos légumes, haricots, pois ou lentilles, mettez-les ensuite à l'eau froide, faites-les cuire doucement pendant deux heures et demie ou trois heures; lorsqu'ils seront cuits, retirez le bouillon, nettoyez votre riz comme pour le potage au riz en maigre, mettez-le dans une casserole avec une suffisante quantité de votre bouillon de légumes pour qu'il baigne, faites cuire, mouillez de temps à autre avec votre bouillon; passez ensuite vos légumes dans une passoire, ajoutez-les à votre riz lorsque celui-ci sera crevé, mettez sel et beurre, trempez et servez de bon goût.

Potage au riz et à l'ognon.

Coupez un ognon par morceaux, faites-le revenir dans du beurre, mouillez ensuite avec du bouillon de haricots, de choux ou autres légumes ou avec de l'eau; mettez cuire votre riz avec votre ognon, après l'avoir lavé comme pour le potage au lait, assaisonnez de sel, remuez de temps en temps afin que votre riz ne s'attache pas, et servez lorsqu'il sera crevé.

mandera par un grand nombre de recettes qui ne figurent dans aucun des ouvrages du même genre qui se vendent présentement en librairie.

Afin de ne pas provoquer une concurrence anticipée, nous ne divulguerons pas à l'avance les parties trop négligées dans d'autres ouvrages et auxquelles on a cru devoir donner du développement dans celui-ci. Nous nous contenterons seulement de dire que l'auteur s'est attaché à faire un livre pratique, tant par le choix des recettes que par une rédaction simple, claire et précise en même temps que concise, et de manière à le rendre compréhensible même pour les personnes les plus étrangères à la cuisine et à en faire par excellence le Guide de la maison.

Conditions de la Souscription :

L'ouvrage formera un beau volume, format Charpentier, de 650 pages et sera divisé en 35 livraisons environ, à raison de 10 centimes chacune.

Chaque livraison sera composée de 16 pages d'impression. Il en paraîtra une par semaine.

Les personnes qui en enverront le montant (3 fr. 50) en un mandat de poste ou en timbres-poste de 20 centimes, recevront les livraisons *franco*, à domicile, une fois par mois.

On souscrit à Paris :

Chez PASSARD, éditeur, 7, rue des Grands-Augustins, et chez les principaux Libraires de la France et de l'étranger.

Paris — Typ. A. Parent rue Monsieur-le-Prince, 31.